NIVEL

3

COLECCIÓN **LEER EN ESPAÑOL**

CB135713

Pánico en la discoteca

Fernando Uría

SANTILLANA ESPAÑOL

Universidad de Salamanca

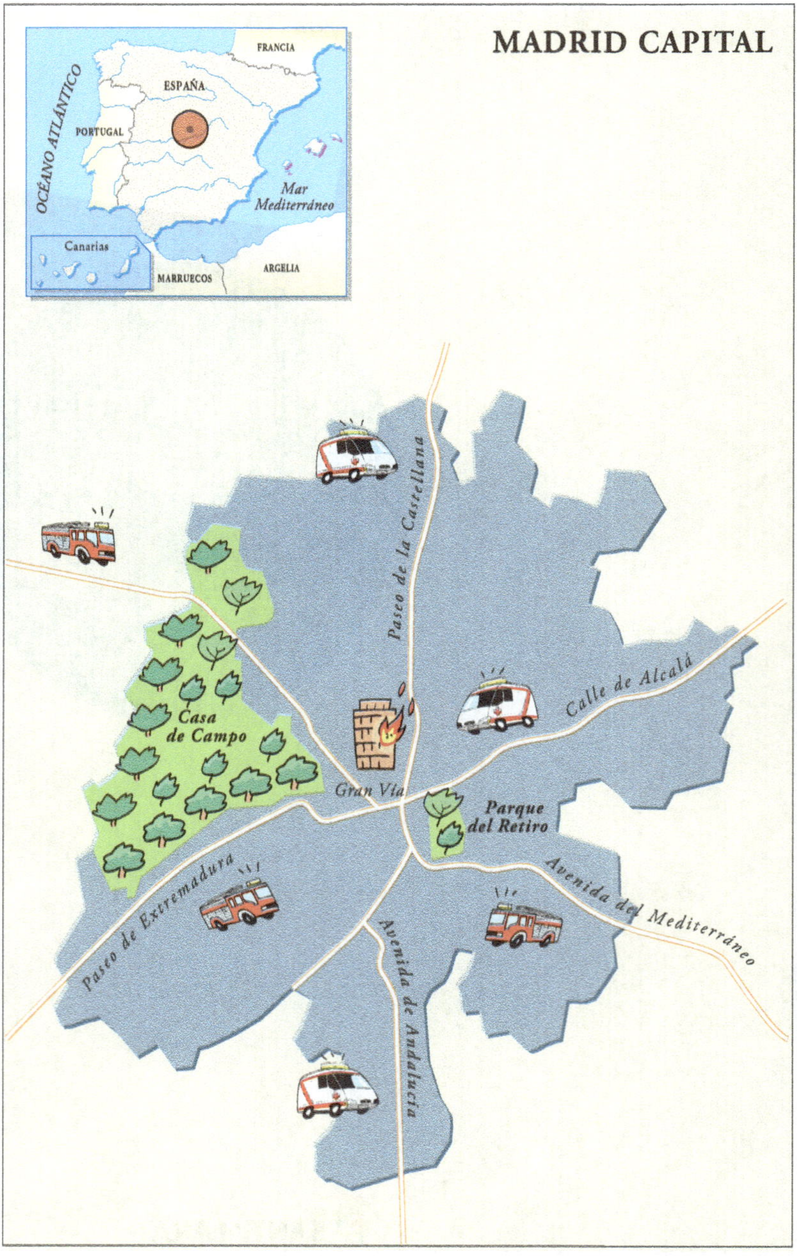
MADRID CAPITAL
FRANCIA
ESPAÑA
OCÉANO ATLÁNTICO
PORTUGAL
Mar Mediterráneo
Canarias
MARRUECOS
ARGELIA
Paseo de la Castellana
Casa de Campo
Calle de Alcalá
Gran Vía
Parque del Retiro
Avenida del Mediterráneo
Paseo de Extremadura
Avenida de Andalucía

I

VAMOS a otro sitio.

–No tengo ganas de ir a otro sitio –dice Mónica–. Hoy estáis muy aburridos. Quiero irme a casa.

Juan y Luis no la escuchan. Desde las doce de la noche han oído lo mismo: «quiero irme a casa...». Cuando lo dice, Mónica habla con voz de niña pequeña.

–Todas las noches la misma historia. ¿Por qué no te vas a casa de una vez, pesada?

Ahora entra en el bar un compañero de la universidad que se llama Evaristo, pero todo el mundo, nadie sabe por qué, lo llama Cuco.

–¡Qué frío hace! Ponme una cerveza.

–Para el frío es mejor el coñac.

–Bueno, entonces tomaré coñac con cerveza.

–¡Coñac con cerveza! Eso debe de ser horrible.

–¿Qué hacéis por aquí?

–Nada. Esta, que quiere irse.

–¿Quién, Natalia?

–No, Mónica. Dice que somos unos aburridos.

Natalia empuja a Luis contra la pared.

–Deja que se vaya. La pobre es tontita.

–Cállate o Mónica te va a oír. Te has bebido ya tres cubalibres[1] y cada vez gritas más.

–Es por culpa de esa música, que me hace gritar.

Ponen a doscientos decibelios[2] una canción de los Pretenders.

–A mí esa música me encanta –dice Mónica.

–¿Ya no quieres irte a casa?

–No.

–Conozco un sitio estupendo que abrieron la semana pasada. Se llama «Tormento chino». Está un poco lejos, pero podemos ir en moto.

–Solo tenemos dos motos y somos cinco.

–Da igual. Yo estoy muy delgadita, y en la moto podemos ir tres.

–Venga. Tú pagas. Yo pagué en el «Archivoltaje».

–Vale. En «Tormento» pagará Cuco.

–Ponte el abrigo, niña. Hace una noche de perros.

–No he traído abrigo. He traído una chupa[3], listo.

II

LAS motos cruzan la ciudad llenándola de ruidos. Ni siquiera la luz roja de un semáforo[4] las hace parar. La moto de Luis lleva a tres personas, pero consigue pasar por delante de la de Cuco. En la calle donde se encuentra el «Tormento» hay más de veinte motos aparcadas. Un poco más abajo la avenida está llena de luces de Navidad.

–Me he quedado muerta de frío. Vamos dentro. Corre, Luis.

Natalia coge de la mano a Luis. El local está llenísimo. En el bar, la gente se pelea por conseguir una copa. Todas las sillas están ocupadas. También el pasillo que lleva a los cuartos de baño está lleno de gente con vasos en la mano.

La luz es muy fuerte en unas partes y débil en otras. Lo mismo pasa con la música: casi no llega al fondo del local y, sin embargo, llena todos los rincones del bar.

Cuco se encuentra con Paloma, una amiga periodista.

–Desde luego, este local es todo un negocio. Aquí no hay sitio para nadie más. ¿Estás sola?

–¿No me ves? Ya sabes que me gusta venir sola a los sitios.

–¿Y no lo encuentras aburrido?

–No. Me gusta mirar a la gente. Y siempre hay alguien con quien hablar.

–Te presento a unos amigos: Luis, Juan, Mónica y... ¿Cómo te llamas tú?

–Natalia. Oye, ¿aquí no baila nadie?

–No. Esto es un bar de copas[5].

–Además, no hay sitio para moverse.

–Ya sabes. La gente va siempre al local donde va todo el mundo.

–¿Y podemos sentarnos?

–No hay ninguna mesa libre.

–Entonces, ¿qué hacemos aquí?

–Tú, no sé. Yo ya he dicho que vengo a mirar a la gente mientras me bebo un *gin-tonic*. ¿Qué más puede uno querer?

–Tienes razón, chica. Pero a mí me apetece bailar. Me lo pide el cuerpo. ¿Qué hora es?

–Van a ser las dos.

Juan se ha encontrado a otros amigos, que proponen ir a bailar a otro local.

–¿Tenéis coche? –dice Natalia–. Yo en moto no voy. Me muero de frío.

–Sí. Podéis dejar las motos aquí y nos metemos todos en mi coche.

–¿Todos? ¿Cómo vamos a ir ocho en un solo coche?

–¿Ocho?

–Sí. Vosotros dos, Juan, Mónica, Luis, Paloma, Cuco y yo.

–¿Y tú cómo te llamas?

–Natalia. Te lo he dicho mil veces.

–No sé si se lo has dicho a los otros, pero a mí no.

–Y vosotros ¿cómo os llamáis?

–Este es Eduardo, un chico muy sexy que tocaba música rock. Y yo me llamo Pedro, Perico para los amigos, y soy un artista famoso.

–Claro, por eso eres tan guapo.

–Bueno, también escribo. ¿Quieres que te lea algo?

–No. ¡Quiero irme de aquí!

–Entonces, ¿qué hacemos aquí?
–Tú, no sé. Yo ya he dicho que vengo a mirar a la gente mientras me bebo un gin-tonic.

–Entonces te contaré un chiste[6]. Entra una señora en un banco. «¿A qué precio está el dólar?», pregunta. «Más o menos, como el euro», le contesta el empleado. «Bueno, pues entonces póngame medio kilo».

Solamente Natalia se ríe un poco.

–¿Conocéis «La llave de tuercas»[7]?

–He oído hablar. Hay mucho punky.

–Eso era antes. Unos amigos míos los sacaron de allí de la manera más rápida.

–¿Cómo?

–A golpes.

III

DECIDEN irse los ocho en el coche de Eduardo. En el asiento de atrás van seis: Luis, Juan y Perico, y las tres chicas sentadas encima de ellos. Delante van Cuco y Eduardo, que conduce.

–Ojalá lleguemos pronto a «La llave inglesa»[8]. Aquí atrás me falta el aire.

–No se llama «La llave inglesa», sino «La llave de tuercas».

–¿Y no es lo mismo?

–Las llaves son iguales, es verdad, pero el nombre del local es «La llave de tuercas».

–Oye, no discutáis por una cosa tan tonta.

«La llave de tuercas» está oscura. No hay nadie cerca.

–¿Estás seguro de que es aquí?

–Sí, seguro. Bajando por esas escaleras.

–Pues a mí me parece que alguien se llevó esa llave.

–Voy a ver qué pasa.

Eduardo se baja del coche y se acerca al portero del local de al lado.

–¿No había aquí una discoteca?

–Sí, pero la han cerrado.

–¿Cuándo?

–El sábado. ¿No lees los periódicos? Tuvimos problemas por aquí. Murió un gordo como tú.

–¿Eso lo dices para enfadarme?

–No, hijo, eso lo digo como información, y porque me has preguntado. Ah, y ojalá no os encontréis con la policía: lleváis por lo menos tres personas de más en vuestro coche.

–Eso no es asunto tuyo.

–Era un consejo, nada más.

Eduardo se sube al coche. Tiene cara de estar muy enfadado.

–¿Qué ha pasado?

–Ese portero, que es tonto.

–¿Qué te ha dicho?

–Me ha llamado gordo.

–Bueno, no te pongas así. Solo ha dicho la verdad.

–¿Qué ha pasado con «La llave maestra»[9]?

–Tú estás bebido. Se llama «La llave de tuercas». Te lo hemos dicho un millón de veces.

–Se llamaba, porque lo ha cerrado la policía.

–¿De veras?

–Sí, por culpa de vuestros amigos. Parece que uno de ellos llevaba un arma.

–Bueno, ¿y ahora qué hacemos? Porque aquí dentro hace un calor horrible.

–No te entiendo, guapa. Antes te morías de frío y ahora te mueres de calor.

–Claro, porque antes iba en moto y ahora voy en coche. Y, además, ya no sé cuántas manos tengo encima.

–Anda, rica, eso es lo que tú quieres, pero aquí nadie te ha tocado.

–Dejad de pelear. ¿Adónde vamos?

–Cerca de la Gran Vía está «Mimo's». Dejamos el coche y vamos andando.

–Eso. Ayudadme a salir de aquí. Esto parece el metro a las ocho de la mañana.

Unos empujan y otros tiran de los que están dentro. La gente se para a mirarlos. Parece mentira que pueda salir tanta gente de un coche tan pequeño.

IV

POR la Gran Vía las tiendas están preparadas para la Navidad. En muchas de ellas ya hay árboles de Navidad con luces de colores.

–A mí la Navidad me pone triste –dice Natalia.

–Pues a mí solo me molesta el frío.

–Oye, ¿«Mimo's» no es ese sitio tan grande, donde pueden entrar hasta mil personas?

–Sí. Era un teatro y ahora lo han hecho discoteca. No está mal.

–Es un sitio antiguo.

–Hombre, no sé a qué llamas antiguo. Como discoteca lo han abierto hace un año.

–Desde que empezó la noche, Mónica no hace más que protestar.

Evaristo conoce al portero de «Mimo's».

–Esto está llenísimo. No sé si debo dejaros entrar.

–¡Venga, hombre! ¡No seas así!

–Solo pueden pasar ochocientas personas y hay dentro más de mil.

–Pues ya da igual una más que una menos.

–¿Cuántos sois?

–Ocho, pero las chicas están muy delgadas y Perico es bastante bajito.

–Bueno. No os voy a dejar en la calle con el frío que hace. Podéis pasar.

A la chica que vende las entradas le dice que son amigos suyos y que los deje pasar sin pagar.

V

BAJAN por unas escaleras estrechas con alfombras de color rojo. Hacia la mitad de la escalera, en un rincón, está el guardarropa[10]. Eduardo, Perico y Natalia dejan allí sus cazadoras. Paloma prefiere llevarse la suya.

–No sé cómo puedes llevar puesta la chupa con este calor tan horrible.

–Me gusta tener algo encima: unos brazos, una sábana, un abrigo... Y, además, si voy al guardarropa, me parece que voy a quedarme en el mismo sitio durante toda la noche.

En la escalera todo es de color rojo. Parece que no tiene final. Abajo hay mucho humo y poca luz. Las personas que bajan por las escaleras adivinan, más que ven, los cuerpos de los que bailan. Al fondo todavía están colgadas las grandes cortinas que tenía el antiguo teatro.

Tocan una canción de Radio Futura. Juan y Luis se ocupan de acercarse al bar y traer las bebidas. Casi todos toman cerveza. Paloma prefiere tomar otro *gin-tonic*.

Luego empieza a bailar sola. No es la única chica que lo hace. Todo está lleno de jóvenes que se mueven entre luces de colores que no paran de girar.

Al fondo todavía están colgadas las grandes cortinas que tenía el antiguo teatro.

Mónica se encuentra a un amigo de otros tiempos. Se llama Roberto, y fueron compañeros de colegio. En aquellos tiempos Mónica estaba loca por él, pero Roberto no le hacía ningún caso. Hoy, sin embargo, se ha acercado y se han puesto a bailar.

–Tenía ganas de verte, ¿sabes?

–¿De verdad? Es difícil de creer. En el colegio no me mirabas. Solo tenías ojos para Salomé.

–¿Salomé? No me acuerdo de ella.

–¿Te crees que soy tonta? Salomé y tú os ibais a la salida del colegio por la calle del Ebro, que estaba muy oscura.

–Y tú nos seguías.

–Anda, guapo. Te crees el centro del mundo.

–¿Y qué ha sido de tu vida desde entonces?

–No me ha ido mal.

–¿Has estudiado en la universidad?

–He ido a Inglaterra a aprender inglés. Quería ser azafata.

–¿Y ya no quieres serlo?

–No. Me dan miedo los aviones. Me da miedo que un avión se incendie[11] en el aire y no poder salir.

–¿Y qué piensas hacer?

–Voy a clases de teatro y juego al golf. ¿Quieres más información?

–No. Por hoy es bastante.

Mónica está segura de que quiere preguntarle «¿tienes novio?» y no se decide. Se lo preguntará, quizás, más tarde, a las cuatro, a las cinco de la mañana. Ella piensa contarle una historia de amor loco.

–¿Y tú qué haces?

–Salir por las noches.

–¿Y de día?

–Voy a la fábrica de mi padre. Así él se cree que trabajo. Mi padre es un pesado, pero es muy fácil dejarlo contento. Si voy por allí de vez en cuando, es feliz.

–Escucha esta canción. Me gusta.

Si ella te dice
te quiero
e intenta besarte,
dile que no, no, no,
porque tu amor es solo mío.
Si ella te dice
te quiero,
recuerda que eso me lo dijiste a mí,
y a ella dile que no, no, no,
porque tu amor es solo mío.

VI

CERCA del bar, Paloma se ha encontrado con un compañero que trabajó con ella durante dos años y ahora está en otro periódico. Se llama Carlos Puente. Piensa que Paloma también debe marcharse del periódico.

–¿No te gusta cambiar?

–Me gusta cambiar, pero no de trabajo.

–Entonces, ¿de qué?

–De novio, de zapatos, de cigarrillos. Todo lo encuentro aburrido después de un tiempo.

Luis y Cuco no han parado un momento de beber y casi no pueden estar de pie. Perico viene a contarles su último chiste:

–Una señora joven está en el cuarto de baño delante del espejo mirándose y acariciándose[12]. «Este cuerpo –repite una y otra vez– necesita un hombre... Este cuerpo necesita un hombre...» Su hijo, que tiene cuatro años, la está mirando desde la puerta. Esa noche, el hijo entra en la habitación de su madre y ve que está con un hombre. El niño se va al cuarto de baño, se quita la ropa, se pone delante del espejo y dice: «Este cuerpo necesita una bicicleta..., este cuerpo necesita una bicicleta...».

Juan viene a decirles que dentro de media hora cierran el local. Conoce otro sitio que a lo mejor está abierto.

–Y así Luis y Cuco podrán ir a recoger las motos.

–Esta es la discoteca que cierra más tarde. Después podemos ir a tomar chocolate con churros[13].

–Yo me iré a casa. Me duele la cabeza.

–Claro, con todo el coñac que te has metido en el cuerpo... Yo me voy a casa solo si esa morena se viene conmigo.

–Inténtalo, pero creo que no está sola.

–Hace años que no ligo[14] con nadie. La vida es una basura.

Paloma les presenta a Carlos y dice que se va.

–Espéranos. Nosotros nos vamos también.

Llaman a Natalia.

–¡Eh, tú!

–¡Me llamo Natalia!

–Dicen estos que nos vamos.

–Yo estoy muy bien aquí. No pienso marcharme hasta que cierren.

Algunas personas empiezan a subir las escaleras. Las luces se van apagando una a una. La música es ahora más suave. El local va a cerrar en los próximos minutos.

VII

PALOMA, que no se ha quitado la cazadora en toda la noche, está llegando al final de la escalera. Carlos Puente se ha quedado con Cuco y Luis en el guardarropa. Ella se encuentra al lado de Perico, que sube difícilmente las escaleras. Del fondo de la discoteca les llega la música de una canción de los Jam. De repente, la gente empieza a gritar. La escalera se ha llenado de un humo negro.

Abajo han empezado a arder[15] las cortinas del antiguo teatro. Alguien intenta tirar de ellas para apagarlas, pero solo consigue que las llamas[16] suban hasta el techo. Esto provoca[17] el pánico. Varias personas empiezan a gritar histéricas[18].

Paloma está en la puerta de la calle. La gente que viene detrás la empuja hacia la acera.

–Pero ¿qué pasa?

–¡Fuego!, ¡hay fuego en la discoteca!

–¡Tengo que entrar! ¡Mis amigos se han quedado en el guardarropa!

–No seas loca. No puedes entrar. ¡Ojalá la gente que está dentro pueda salir!

Buscan un teléfono para llamar a los bomberos.

Paloma para un taxi.

–¿Qué ocurre?

–Pero ¿qué pasa?
–¡Fuego!, ¡hay fuego en la discoteca!

–Hay fuego. Cientos de personas están dentro. ¡Llame a los bomberos, a la policía, ambulancias!

El humo es cada vez más negro. Muchas personas salen corriendo, dando gritos histéricos. Pronto la calle se llena de gente. Todos buscan a sus parientes y amigos.

–¡Mi hermano! –grita una chica–. ¡Se ha quedado dentro!

Perico decide entrar a buscar a sus amigos. Pronto ve a Luis.

–¿Dónde están los otros?

–No lo sé. El guardarropa es como una calle sin salida. La gente se aplasta[19] intentando salir. Yo oí los gritos de la gente caída en el suelo. ¡Qué horrible!

–Tenemos que entrar, pero esta puerta es muy estrecha. Debemos intentar tirar esa reja[20].

Perico y Luis se ponen un pañuelo sobre la boca y se meten en el portal de entrada. Sacan a uno, a otro, vuelven a entrar otra vez. Algunos de los que sacan están desmayados[21].

Un chico de pelo largo cae agotado en la acera después de sacar a cinco personas.

Paloma coge del brazo a Perico y le pide que no vuelva a entrar.

–Tenemos que entrar.

VIII

DENTRO todo está oscuro. Solo hay humo y gritos. Natalia se ha ido hacia un pasillo por el que vio a Cuco. Quiere gritar y no puede. El humo se le mete por los ojos. Alguien que viene detrás de ella la empuja. «Quiero vivir –piensa– mi vida no puede terminar así.»

Al fondo de aquel pasillo hay una pared. Sin salida. La gente viene detrás, empujando a Natalia. Va a morir aplastada. Le da vueltas la cabeza y, a los pocos segundos, se desmaya.

Roberto ha cogido a Mónica del brazo y ella se deja llevar. No quiere morir a su lado, solo quiere que la saque de ese mal sueño. Roberto la lleva por las escaleras. Están tan llenas de gente que casi no pueden andar. Suben muy despacio.

–¡Mi abrigo! –consigue decir ella–. Está en el guardarropa.

–Olvida tu abrigo. Tenemos que salir de aquí.

–Era de mi madre.

–Me da igual. Ten cuidado. Empujan mucho, pero tú no te dejes caer al suelo. Te aplastarán.

–Me encuentro muy mal. Me voy a desmayar.

Casi no siente su cuerpo. Roberto la coge en brazos. «Tenemos que salir.» Encuentra el pasillo que lleva a los cuartos de baño. «Por allí puede haber una salida.»

Diez o doce personas lo siguen. Se encuentran con cuatro chicos que quieren volver.

–Por aquí no hay salida. Solo una claraboya[22]. Intentamos romperla pero no pudimos.

–¿Y el aire acondicionado[23]?

–Está cerca del techo. Es demasiado estrecho y no podemos romper la rejilla[24].

–Prefiero ir hacia la claraboya. No quiero que me aplaste la gente que sube por las escaleras.

Encuentran una madera. Un chico sube a un lavabo y da un golpe a la claraboya. Ven sombras al otro lado.

–Ojalá nos oigan y vean que estamos aquí.

Fuera alguien ha oído los golpes. Los bomberos han llegado hace un momento.

–¡Vengan aquí! ¡Hay gente debajo de la claraboya!

Un bombero rompe los cristales. Pronto Roberto y los demás sienten que corre un poco de aire fresco. Los bomberos empiezan a sacarlos uno a uno. Casi todos están medio desmayados. Mónica parece muerta. Está blanca como una sábana.

–¡Una ambulancia!

–Ya no hay ambulancias. Déjenla en la acera.

–¿No hay un médico por aquí?

IX

LA acera está llena de amigos y parientes. Algunas personas que han salido de otros locales corren para ver qué pasa.

Un joven llora sentado en la acera.

–Éramos cuatro amigos. Solo he salido yo.

Mónica sigue en el suelo. Roberto grita:

–¿Nadie va a ayudarla? ¿Van a dejar que se muera aquí tirada en el suelo?

–Hay mucha gente dentro y no podemos ocuparnos de las personas que están fuera –le dice un policía.

Las caras de la gente que intenta salir se aplastan contra las rejas. Los padres de los jóvenes que están dentro ocupan la acera. Han oído por la radio la noticia del incendio[25] y saben que sus hijos están allí. Todos buscan a alguien en medio del humo. Los taxis paran para llevarse a los heridos. Roberto mete a Mónica en uno de ellos.

–¡Rápido! ¡Al hospital más próximo!

A los pocos minutos sale Juan, con la cara completamente negra, y pregunta por Mónica.

–¿Dónde está? ¡No la encuentro!

–Camino del hospital. Está bien.

–Ella quería ser azafata, pero le daba miedo pensar en un avión incendiado.

–¿Y la otra? ¿Cómo se llamaba?

–¿Natalia?

–Eso, Natalia.

–No sé. Creo que fue hacia el guardarropa.

–Éramos diez personas. ¿Dónde están los otros siete? No pueden haber muerto todos. Ahí dentro hay muertos por todas partes.

Los bomberos y los policías consiguen quitar de en medio a los curiosos y dejan sitio para las ambulancias. Ahora pueden subir a la acera.

Paloma, desde un teléfono, llama a su periódico y cuenta lo que está ocurriendo.

–Ya no puedo más. Esto es horrible. ¡Y mis amigos siguen dentro!

Empieza a llorar.

Nadie tiene noticias del otro periodista, Carlos. Paloma ve las luces de la policía, los bomberos, las ambulancias. Se parecen a las luces que había en la discoteca. Pero estas luces están en la calle, y no sirven para bailar, ni para beber. Hablan de muerte. Ya no hay música, ya no hay canciones de los Jam o de Paul Collins, solo gritos de la gente que quiere entrar en la discoteca.

–¡Mi hija no ha salido! ¡Déjenme pasar!

–No puede entrar. Los bomberos ya han apagado el fuego. Pronto sacarán a todos los que queden con vida, si hay alguno.

–¡Dios mío! ¿Y cómo encontraré a mi hija?

–No lo sé. Tendrá que preguntar en los hospitales.

–¿No me puede decir nada más?

Paloma intenta ayudar a la pobre señora, pero no sabe qué decir.

X

PALOMA ve a Juan y corre histérica hacia él.

–¿Dónde están los otros?

–Perico ha entrado y salido varias veces. Ha conseguido sacar con vida a muchos. Ahora no sé dónde está.

La cara de Juan está negra de humo. Llora.

–Natalia sigue dentro. Era la más divertida de todos. Siempre estaba de buen humor.

–¿Y Luis y Cuco?

–Creo que están bien. Pero no he visto a Eduardo.

–Eduardo encontró a unos compañeros de la universidad y se pusieron a hablar de coches. Ya sabes cuánto le gustan los coches. Cuando empezaron a arder las cortinas, ellos se rieron. Creían que era una broma de la discoteca para terminar la fiesta.

En ese momento, sacan a Eduardo en una camilla[26].

–¡Mira!, ¡es Eduardo!

–¡Dejen pasar! –grita el camillero[27].

–Es nuestro amigo. ¿Está muy grave?

–Sí. Entró varias veces para intentar ayudar a la gente de dentro, sin pensar un momento en sí mismo.

–¡Eduardo! –grita Paloma–. ¡Pronto te pondrás bien!

Eduardo se ha desmayado, pero sus labios parecen sonreír.

–¡Mira!, ¡es Eduardo!
–¡Eduardo! ¡Pronto te pondrás bien!

Luis sale unos segundos después. Casi no puede andar. Juan se acerca a él y le coge de la mano.

–Ánimo, Luis.

–Esto es un mal sueño.

–Tienes que despertar.

–Dime que no es verdad, Juan.

–Ven.

Cruzan la calle. En la acera de enfrente se sientan en un banco.

–Esas luces de Navidad son horribles. ¿Y Perico?

–Perico no volverá a contar chistes.

–Ni nosotros saldremos más a beber una copa juntos.

–¿Por qué no? Volveremos a salir igual que antes.

Paloma se sienta a su lado. Quiere que Luis se ponga una chaqueta.

–Ponte esto. Hace muchísimo frío.

–Ya no tengo frío.

Está pálido.

–Vámonos a casa. Aquí no podemos hacer nada.

Meten a Luis en un taxi. Ya en el asiento, Luis empieza a llorar.

XI

—¿SABES? –dice–, Natalia me gustaba. Era tan alegre... Paloma, tú dices que todo volverá a ser como antes. Pero no es verdad. Esta noche no terminará nunca.

–¿Adónde los llevo? –pregunta el taxista.

–Vamos primero a casa de Luis. No se encuentra bien. Vive cerca de Cuatro Caminos.

–Yo no llevo dinero. ¿Y vosotros?

–Yo lo tenía en la cazadora y la he perdido.

–Da igual –dice el taxista–. Os llevo donde queráis.

La ciudad está vacía. Son las seis y media de la mañana. La cabeza de Luis descansa sobre Paloma.

–¿Vosotros estabais dentro? –pregunta el taxista.

–Sí, pero ahora todo acabó.

–He oído en la radio lo ocurrido, y me he acercado a ver si podía ayudar.

–Ponga la radio, por favor –pide Paloma.

... Más de sesenta personas, en su mayor parte jóvenes, han muerto esta mañana en el incendio de la discoteca «Mimo's». El fuego empezó a las cuatro y media por un cortocircuito[28]*. El humo, el calor y la poca luz provocaron el pánico. La mayor parte de los jóvenes murieron aplastados o por asfixia*[29]*. Los clientes corrieron hacia la salida, pero*

muchos no pudieron pasar del guardarropa o de los cuartos de baño. Allí murieron más de treinta personas, muchas de ellas aplastadas por la gente que corría histérica buscando la salida.

–Apague esa radio, por favor.

El taxista apaga la radio. Paloma llora en silencio.

–Hacía tanto tiempo que no lloraba... Pero ahora no puedo parar. Me acuerdo de una canción de la radio que escuché la semana pasada en un bar. Hablaba de fuego. Decía: «tu corazón de hielo necesita fuego». Hasta esta noche yo tenía un corazón de hielo.

Juan coge de la mano a Paloma.

–Mira, Luis se ha dormido.

–Ya estamos en Cuatro Caminos –dice el taxista.

Después de dejar a Luis en su casa, el taxi sigue hacia las oficinas del periódico.

–¿Vas a trabajar?

–Sí.

–¿Podrás escribir sobre el incendio?

–Claro que sí.

–Te acompaño.

XII

EN el periódico leen los nombres de todos los que han muerto. Entre ellos está el de Natalia. Eduardo y Perico están solo heridos. Paloma se sienta a su mesa y empieza a escribir:

El fuego acabó con las maderas, las mesas, las cortinas, las alfombras, y con el último vaso de whisky en esta fría mañana de diciembre... Pero han quedado para siempre en la memoria los nombres de muchos hombres y mujeres: Juan, que consiguió sacar con vida a cinco personas; Perico, que volvió a entrar para buscar a sus amigos; Luis, que después de encontrar muerta a Natalia no podía dejar de llorar; y Mónica, y Eduardo, y Evaristo, a quien todo el mundo, nadie sabe por qué, llama Cuco...

–Juan, por favor, tráeme una taza de café.

Fuera, en la calle, sale el sol.

ACTIVIDADES

Antes de leer

1. Observa estas señales y relaciónalas con la opción adecuada.

a. El acceso solo está autorizado a personal técnico de las instalaciones.

b. El uso del teléfono móvil está prohibido.

c. En caso de emergencia, utilizar la salida de emergencia que está a su izquierda.

d. En caso de emergencia, utilizar la salida de emergencia que está a su derecha.

e. En caso de emergencia, utilizar las escaleras.

f. No se puede fumar.

g. No se puede pasar. La entrada a ese lugar está prohibida.

h. No tocar, peligro eléctrico.

i. Para entrar, es obligatorio llevar gafas de protección.

j. Para poder pasar, es obligatorio llevar casco.

Piensa en lugares públicos en los que podrías encontrar esas señales.

1 __________________ 6 __________________

2 __________________ 7 __________________

3 __________________ 8 __________________

4 __________________ 9 __________________

5 __________________ 10 __________________

2. Busca en la cubierta del libro que vas a leer la siguiente información.
   a. Una señal parecida a alguna de la actividad anterior.
   b. El nombre genérico de un lugar de ocio.
   c. El nombre de un sentimiento.

   Con esos tres datos de la cubierta del libro, ¿qué crees que va a pasar en la historia que vas a leer? Piensa en ello y anticipa algunos elementos del relato.

   ____

   ____

3. Observa el gráfico y complétalo con estas palabras que vas a encontrar después en *Pánico en la discoteca.*

aforo   bar   camarero   canción   cerveza   coche
coñac   copa   cuartos de baño   cubalibre   decibelios
escaleras   *gin-tonic*   guardarropa   metro   moto
pinchadiscos   pista de baile   portero   rock   taxi

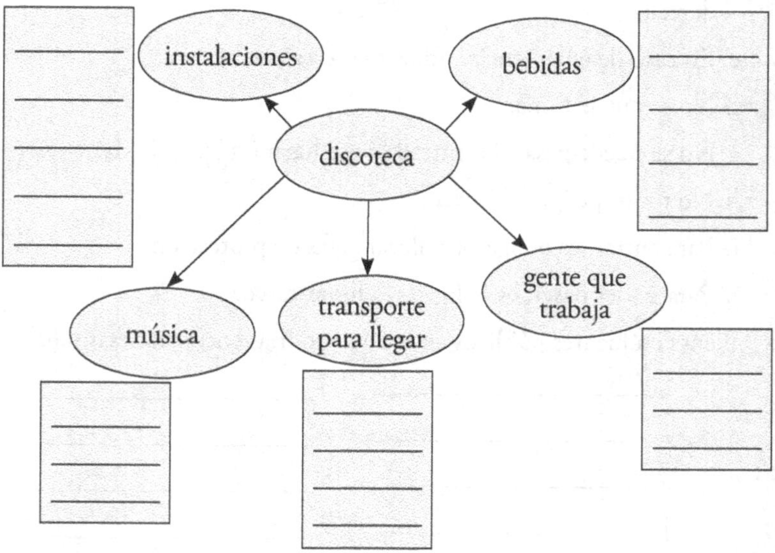

Durante la lectura

Capítulo I

4. 1 Escucha y relaciona esta información.

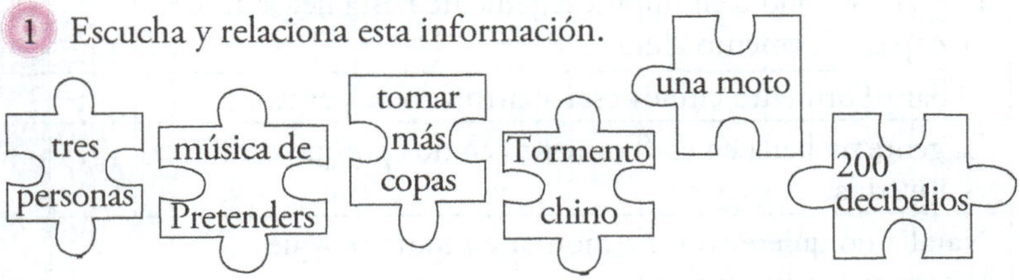

5. 1 Vuelve a escuchar y señala los cinco errores que contiene la descripción de esta escena.

> Cinco chicos (dos chicas y tres chicos) salen de un pub a las doce de la noche. En la calle hace mucho frío («hace una noche de perros»). Uno de los chicos dice: «Conozco un sitio estupendo que abrieron la semana pasada. Se llama "Archivoltaje"». En la puerta hay tres motos. Se montan un chico y una chica en cada moto y el otro chico va solo en la tercera. Una chica lleva un abrigo largo, la otra un abrigo muy elegante. Las dos chicas son muy gorditas.

Lee ahora el capítulo para comprobar si has encontrado los errores.

6. Al final del capítulo, un chico hace este comentario: «Hace una noche de perros». ¿Qué quiere decir? Explícalo.

Capítulo II

7. 2 Escucha y contesta.

   a. ¿Qué tipo de bar es el «Tormento chino»?

   b. ¿Le gusta a Paloma el «Tormento chino»? Si es así, ¿qué le gusta hacer en ese lugar?

8. Lee y señala si la siguiente información es verdadera (V) o falsa (F).

	V	F
Los chicos conducen imprudentemente hasta llegar al bar de copas «Tormento chino».		
El bar «Tormento chino» está abarrotado de gente.		
La gente no baila en el «Tormento chino» porque la música es aburrida.		
Natalia no quiere volver a montar en moto porque le parece una imprudencia.		
Alguien propone montarse ocho personas en un mismo coche para regresar a casa.		
En el bar «La llave de tuercas» hay muchos punkis.		

Capítulo III

9. 3 Escucha el capítulo III. Luego, lee el siguiente texto sobre los motivos que hacen que el tráfico sea la primera causa de mortalidad juvenil.

ACCIDENTES DE TRÁFICO, PRIMERA CAUSA DE MORTALIDAD JUVENIL

Los accidentes de tráfico son la primera causa de mortalidad y morbilidad juvenil (entre los 15 y los 29 años) en España, ya que 1 de cada 4 muertos en accidentes de tráfico es menor de 25 años –cuando estos representan solo el 17 % de los conductores españoles–, y 4 de cada 10 jóvenes pierden la vida en un siniestro de tales características. Los motivos que provocan estos accidentes de tráfico son los siguientes:

– Los excesos de velocidad.
– Los adelantamientos indebidos.
– Conducir bajo los efectos del alcohol (la mitad de los accidentes en los que se ven involucrados jóvenes, ya sea como conductores o como acompañantes).
– Cansancio por llevar demasiadas horas conduciendo sin paradas o descansos, etc.

http://www.alternativajoven.es/redaccionjoven/hemeroteca/monograficos/seguridadvial/index.htm

Completa esa lista de motivos con alguna conducta que muestran los protagonistas de esta historia.

____

____

10. El local al que se dirigen los chicos se llama «La llave de tuercas».
    a. ¿Cuál puede ser el cartel de ese local?
    b. ¿Conoces el nombre de la herramienta que se utiliza para aflojar tuercas y tornillos?
    c. Averigua y escribe el nombre de estas herramientas.

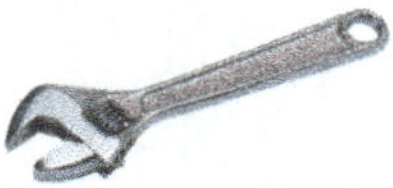  

______________ ______________ ______________

  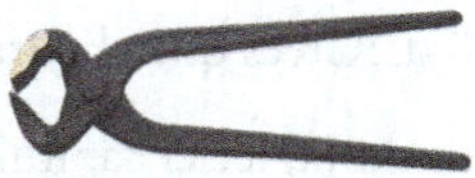

______________ ______________ ______________

11. ¿Consiguen los chicos entrar en «La llave de tuercas»? ¿Por qué? ¿Qué suceso ha tenido lugar en ese local?

12. En este capítulo, uno de los chicos dice: «¿Antes te morías de frío y ahora te mueres de calor?». ¿Qué quiere decir? ¿Con qué otras palabras de la lista se puede combinar *morirse de*? Señálalas.

	morirse de	
☐ cansancio	☐ risa	☐ dinero
☐ amistad	☐ trabajo	☐ aburrimiento
☐ miedo	☐ sueño	☐ deberes para casa

La expresión *morirse de* + sustantivo suele utilizarse para señalar estados físicos o de ánimo.

Capítulo IV

13. Lee la siguiente definición:

> **aforo:** número máximo de personas que pueden estar en un local de uso público en función de la capacidad total del mismo.

4 Escucha y contesta.

a. ¿Cuál es el aforo de «Mimo's»?

b. ¿Cuántas personas hay dentro del local cuando llegan los chicos?

c. ¿Les dejan pasar?

d. ¿Crees que el portero les debe dejar pasar? ¿Por qué?

Ahora, lee el capítulo y comprueba si tus respuestas son correctas.

Capítulo V

14. 5 Escucha y di si pasan estas cosas en el capítulo.

	Sí	No
En la discoteca «Mimo's» hay mucho humo y poca luz.		
Cuando entran en la discoteca, se escucha una canción de Juan Luis Guerra.		
La discoteca era un antiguo teatro.		
Natalia se encuentra con un antiguo amigo, Roberto, del que ella estuvo enamorada.		
Mónica ha estado en Inglaterra estudiando inglés.		
Roberto habla con mucho respeto de su padre.		

15. Observa las imágenes y di el nombre de cada una de estas prendas de vestir. Señala las que se suelen dejar en el guardarropa de una discoteca.

Capítulo VI

16. 6 Escucha y contesta.

a. ¿Falta mucho tiempo para que cierre la discoteca?

b. ¿Qué piensan hacer después los chicos?

17. Lee los siguientes titulares de prensa sobre la juventud española y responde a las cuestiones que se plantean a continuación.

«Un 51 % de los jóvenes españoles dice que no votaría a ningún partido político».

«La mitad de los jóvenes españoles son ateos».

«Javier Elzo, catedrático de sociología, señala que la juventud española es inmadura, irresponsable y consumista».

«Un 29,8 % de la juventud española ha colaborado alguna vez con una ONG».

«El informe "Jóvenes españoles 2005" señala que se preocupan solo por el presente, y que tienen poco sentido del deber y del sacrificio».

a. ¿Cuál coincide con el perfil de los protagonistas de este relato?

b. ¿Qué te parecen los chicos del relato, personajes reales o tópicos estereotipados?

c. ¿Crees que todos los jóvenes españoles son como estos chicos? ¿Por qué?

Capítulo VII

18. 7 Escucha y revisa las notas que ha tomado una persona sobre lo que ocurre en este capítulo. Corrígelas si es necesario.

Capítulo VII

a. El fuego de la discoteca empezó en el guardarropa.

b. Una chica paró un taxi y le pidió avisar a los bomberos.

c. Un chico llamado Perico cayó agotado al suelo, después de haber rescatado del interior de la discoteca a cinco personas.

Ahora, lee y comprueba tus respuestas.

Capítulo VIII

19. 8 Escucha y ordena lo que pasa en este episodio.

a. Deciden ir hacia la claraboya y la rompen con una madera.

b. Hablan de que por los conductos del aire acondicionado no se puede salir.

c. Los bomberos los sacan uno a uno.

d. Roberto coge en brazos a Mónica.

e. Mónica parece que está muerta.

f. Roberto y Mónica se encuentran con otros cuatro chicos que tampoco saben cómo salir de la discoteca.

g. Roberto y Mónica suben por las escaleras.

Ahora, lee el capítulo y comprueba si tus respuestas son correctas.

Capítulo IX

20. 9 Escucha y contesta.

a. ¿Cómo se llama la chica a la que no han visto salir de la discoteca?

b. ¿Qué le pasa a Mónica? ¿Qué hace Roberto para ayudarla?

21. El relato se titula *Pánico en la discoteca.* Relaciona estos términos con sus definiciones correspondientes y señala si crees que son sentimientos experimentados por las personas atrapadas en el incendio de la discoteca.

angustia	impotencia	desconcierto	pánico

a. Sentimiento de frustración provocado por la falta de poder o capacidad para hacer algo, especialmente en una desgracia.

b. Miedo extremado o terror producido por la amenaza de un peligro inminente. Con frecuencia es colectivo y contagioso.

c. Sentimiento de intranquilidad y sufrimiento ante una situación de peligro, amenaza o incertidumbre.

d. Confusión de una persona que la deja desorientada, sin saber lo que ocurre realmente, o con la sensación de no ser real lo que está viviendo.

Capítulo X

22. 10 Escucha y relaciona los siguientes datos con alguno de estos personajes del relato.

Eduardo	Natalia	Perico	Luis

cojo/a	desaparecido/a	desmayado/a

Ahora, lee y comprueba tus respuestas.

Capítulo XI

23. Lee la noticia incompleta de radio que se escucha en este capítulo. Intenta completarla y anticípate a la historia.

> Más de ________ (a) personas, en su mayor parte jóvenes, ________ (b) esta mañana en el ________ (c) de la discoteca «Mimo's». El fuego empezó a las ____________ (d) por un cortocircuito. El ________ (e), el calor y la poca ________ (f) provocaron el ________ (g). La mayor parte de los jóvenes ________ (h) aplastados o por asfixia. Los clientes ________ (i) hacia la salida, pero muchos no pudieron pasar del ________ (j) o de los ____________ (k). Allí ____________ (l) más de ________ (m) personas, muchas de ellas aplastadas por la gente que corría ________ (n) buscando la salida.

11 Escucha el capítulo y comprueba tus respuestas. Después, léelo.

24. En este capítulo Paloma dice: «"Tu corazón de hilo necesita fuego". Hasta esta noche yo tenía un corazón de hielo». ¿Cómo interpretas sus palabras? ¿Por qué hace ese comentario? ¿A qué crees que se refiere?

Capítulo XII

25. 12 Paloma escribe un texto para el periódico sobre lo ocurrido. Escucha el capítulo y escribe tú otro similar sobre el incendio en la discoteca en el que narres la tragedia vivida y la reacción de los chicos.

Después de leer

26. Busca en Internet sucesos ocurridos en España similares a los de este libro. ¿Puede estar inspirada esta historia en alguno de ellos? ¿Por qué?
27. Localiza en Internet el informe sobre la juventud española más reciente. ¿Crees que todos los jóvenes españoles responden al perfil de los jóvenes del relato? Según ese informe, ¿cómo son los jóvenes españoles? ¿Qué temas les preocupan? ¿Cuáles son sus aficiones?

SOLUCIONES

1. 1f; 2b; 3j; 4a; 5g; 6h; 7d; 8c; 9i; 10e. Respuesta sugerida: 1: restaurante; 2: avión; 3: una obra en cualquier edificio; 4: sala de máquinas de cualquier edificación; 5: calle; 6: central eléctrica; 7, 8 y 10: cualquier establecimiento público; 9: un taller mecánico o cualquier sitio donde haya que soldar.

2. a. 8; b. discoteca; c. pánico. Respuesta abierta.

3. Instalaciones: aforo, cuartos de baño, guardarropa, bar, escaleras, pista de baile. Música: canción, decibelios, rock. Bebidas: *gin-tonic*, cubalibre, copa, coñac, cerveza. Transporte para llegar: metro, moto, coche, taxi. Gente que trabaja: camarero, portero, pinchadiscos.

4. Tomar más copas → Tormento chino; tres personas → una moto; música de Pretenders → 200 decibelios.

5. Errores: el sitio al que van no se llama «Archivoltaje», sino «Tormento chino»; solo hay dos motos; no va una pareja en cada moto y un chico en la tercera, sino que se montan tres personas en una moto; la chica lleva una chupa, no un abrigo; una de las dos chicas es muy delgada.

6. Que hace mucho frío.

7. a. Un bar de copas; b. A Paloma le gusta el bar «Tormento chino». Le gusta ir allí a mirar a la gente y a hablar con la gente con la que se encuentra.

8. V; V; F; F; F; F.

9. a. Sobrepasar el límite de ocupación máximo permitido en un turismo (en un coche de dimensiones estándar pueden ir tres ocupantes en la parte de atrás; son seis los chicos que van en los asientos traseros del coche).

10. a y b. llave inglesa; c. llave inglesa, alicates, martillo, destornillador, sierra y tenazas.

11. No entran; el local «La llave de tuercas» está cerrado porque allí ha muerto un chico.

12. No se combina con «amistad» y «dinero», y resulta extraño con «deberes para casa» y «trabajo».

13. a. El aforo de «Mimo's» es de 800 personas; b. ya han entrado más de 1 000; c. el portero no debería dejarles pasar porque hay más personas de las que pueden estar. d. Respuesta abierta.

14. Sí, no, sí, sí, sí, no.

15. Guantes, bufanda, gorro, abrigo, gabardina, jersey, pijama, zapatos, bañador, falda, corbata, cazadora de cuero. Se tienen que señalar todas, excepto el bañador, la falda, la corbata, los zapatos y el pijama.

16. a. las luces de la discoteca se están apagando porque van a cerrar en apenas unos minutos; b: después de la discoteca los chicos quieren ir a tomar churros.

17. a. «Javier Elzo, catedrático de sociología, señala que la juventud española es inmadura, irresponsable y consumista»; b y c. Respuesta abierta.

18. a. El fuego empieza en la planta inferior de la discoteca, junto a las cortinas, no en el guardarropa. c. No es Perico quien cae al suelo; este quiere volver a entrar para intentar salvar a más personas.

19. g – d – f – b – a – c – e.

20. a. Natalia; b. Mónica se ha desmayado. Roberto mete en un taxi a Mónica para que la lleven al hospital.

21. a. impotencia; b. pánico; c. angustia; d. desconcierto.

22. Eduardo – desmayado; Natalia – desaparecida; Perico – desaparecido; Luis – cojo («casi no puede andar»).

23. a. setenta; b. han muerto; c. incendio; d. cuatro y media; e. humo; f. luz; g. pánico; h. murieron; i. corrieron; j. guardarropa; k. cuartos de baño; l. murieron; m. treinta; n. histérica.

NOTAS

Estas notas proponen equivalencias o explicaciones que no pretenden agotar el significado de las palabras o expresiones siguientes, sino aclararlas en el contexto de *Pánico en la discoteca*.

m.: masculino, *f.:* femenino, *inf.:* infinitivo.

Pánico en la discoteca: gran miedo, terror, en la sala de fiestas.

1 **cubalibres** *m.:* bebida compuesta de coca-cola y ron o ginebra.

2 **decibelios** *m.:* unidades de medida para expresar la intensidad de los sonidos.

3 **chupa** *f.:* en la lengua de los jóvenes, chaqueta corta, en general de cuero. En lengua usual se dice «cazadora».

4 **semáforo** *m.:* señal luminosa (roja, ámbar y verde) para regular el tráfico.

5 **bar de copas** *m.:* bar moderno donde la gente va por la noche a beber y a charlar.

6 **chiste** *m.:* historia corta inventada para hacer reír.

7 **llave de tuercas** *f.:* herramienta que sirve para apretar las tuercas en los tornillos. Una tuerca es una pieza de metal perforada que se ajusta exactamente al tornillo. El **tornillo** es una punta metálica que se introduce en la tuerca y en la pieza que se necesita sujetar.

8 **llave inglesa** *f.:* llave de tuercas más perfeccionada, regulable, que se adapta a todo tipo de tuercas.

9 **llave maestra** *f.:* llave que sirve para abrir todas las puertas.

10 **guardarropa** *m.:* en ciertos lugares públicos (restaurantes, teatros, museos...), sitio donde las personas dejan abrigos, sombreros, paraguas y otros objetos mientras permanecen allí.

11 **que un avión se incendie** (*inf.:* **incendiarse**): que un avión se queme.

[12] **acariciándose** (*inf.:* **acariciar**): tocándose suavemente.

[13] **chocolate con churros** *m.:* bebida caliente de chocolate espeso acompañada con **churros**, masa hecha de harina y agua, frita en aceite. Tienen forma de pequeños cilindros, alargados o unidos por las puntas. Se toman a menudo en el desayuno o la merienda, sobre todo en Madrid, donde nace la antigua costumbre de tomar chocolate con churros después de una noche de fiesta.

[14] **no ligo** (*inf.:* **ligar**): no conquisto a ninguna chica.

[15] **arder:** incendiarse, quemarse.

[16] **llamas** *f.:* lenguas de fuego.

[17] **provoca** (*inf.:* **provocar**): causa, ocasiona.

[18] **histéricas:** sometidas a una gran excitación nerviosa producida por una situación de peligro.

[19] **la gente se aplasta** (*inf.:* **aplastarse**): todos están muy apretados, no pueden moverse y pasan unos por encima de los otros.

[20] **reja** *f.:* barras de metal que se ponen en una puerta o ventana para impedir el paso.

[21] **están desmayados** (*inf.:* **desmayarse**): han perdido el sentido por miedo o por falta de aire.

[22] **claraboya** *f.:* ventana pequeña abierta en el techo o en la parte alta de las paredes.

[23] **aire acondicionado** *m.:* sistema que regula la temperatura de un lugar cerrado.

[24] **rejilla** *f.:* reja pequeña.

[25] **incendio** *m.:* fuego (ver nota 11).

[26] **camilla** *f.:* cama pequeña y fácil de mover donde se lleva a los enfermos o a los heridos.

[27] **camillero** *m.:* persona que lleva la camilla.

[28] **cortocircuito** *m.:* accidente eléctrico que es la causa de muchos incendios.

[29] **asfixia** *f.:* falta de aire que puede producir la muerte.

La colección LEER EN ESPAÑOL ha sido concebida, creada y diseñada por el Departamento de Idiomas de Santillana Educación, S. L.

El libro *Pánico en la discoteca* es una obra original de **Fernando Uría** para el Nivel 3 de esta colección.

Edición 1991
Coordinación editorial: **Silvia Courtier**

Edición 2008
Dirección y coordinación del proyecto: **Aurora Martín de Santa Olalla**
Edición: **Begoña Pego**

Edición 2009
Dirección y coordinación del proyecto: **Aurora Martín de Santa Olalla**
Actividades: **Nuria Vaquero**
Edición: **Begoña Pego**

Dirección de arte: **José Crespo**
Proyecto gráfico: **Carrió/Sánchez/Lacasta**
Ilustración: **Jorge Fabián González**
Jefa de proyecto: **Rosa Marín**
Coordinación de ilustración: **Carlos Aguilera**
Jefe de desarrollo de proyecto: **Javier Tejeda**
Desarrollo gráfico: **Rosa Barriga, José Luis García, Raúl de Andrés**
Dirección técnica: **Ángel García**
Coordinación técnica: **Lourdes Román, Marisa Valbuena**
Confección y montaje: **María Delgado**
Cartografía: **José Luis Gil, Belén Hernández, José Manuel Solano**
Corrección: **Gerardo Z. García, Nuria del Peso, Cristina Durán**
Documentación y selección de fotografías: **Mercedes Barcenilla**
Fotografías: D. López; J. Jaime; J. V. Resino; S. Enríquez; A. G. E. FOTOSTOCK; I. Preysler; ISTOCKPHOTO; PHOTODISC; MATTON-BILD; SERIDEC PHOTOIMAGENES CD; ARCHIVO SANTILLANA

© 1991 by Fernando Uría
© 1991 by Universidad de Salamanca y Santillana, S. A.
© 2008 Santillana Educación
© 2009 Santillana Educación. Torrelaguna, 60. 28043 Madrid
En coedición con Ediciones de la Universidad de Salamanca

Dados Internacionais de Catalogação na Publicação (CIP)
(Câmara Brasileira do Livro, SP, Brasil)

Uría, Fernando
Pánico en la discoteca / Fernando Uría. — São Paulo : Moderna, 2012. — (Colección Leer en Español)

1. Ficção espanhola I. Título. II. Série.

12-11831 CDD-863

Índices para catálogo sistemático:
1. Ficção : Literatura espanhola 863

ISBN: 978-85-16-08285-7
CP: 125229

Reprodução proibida. Art.184 do Código Penal e Lei 9.610 de 19 de fevereiro de 1998.
Todos os direitos reservados.

Santillana Español
Santillana Educação Ltda.
Rua Padre Adelino, 758, 3º andar — Belenzinho
São Paulo — SP — Brasil — CEP 03303-904
www.santillanaespanol.com.br
2023

Impresso no Brasil
Impressão e acabamento: Log&Print Gráfica, Dados Variáveis e Logística S.A.

Lote: 774075

Código: 12082857

Quedan rigurosamente prohibidas, sin la autorización escrita de los titulares del «Copyright», bajo las sanciones establecidas en las leyes, la reproducción total o parcial de esta obra por cualquier medio o procedimiento, comprendidos la reprografía y el tratamiento informático, y la distribución de ejemplares de ella mediante alquiler o préstamo públicos.